# Door een roze bril

# LEESN!VEAU

© 2011 Educatieve uitgeverij Maretak, Postbus 80, 9400 AB  Assen

Tekst en illustraties: Isabel van Duijne
Vormgeving: Heleen van Keulen
DTP Gerard de Groot
ISBN 978-90-437-0383-3
NUR 140/282
AVI M4

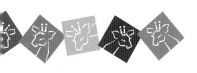

# Door een roze bril

Isabel van Duijne

educatieve

uitgeverij

**Maretak**

# 1 Een lekker hapje, en dan ...

'Au!', roept Emma.
Verschrikt kijkt ze om.
Wie doet dat?
Waar komt dat pijltje vandaan?
Ze ziet iets achter een auto.
Ach, laat maar, denkt ze en ze fietst verder.
Er hangt een emmer aan haar stuur.
Ze draagt een hengel en een schepnet.
En ze heeft een koffer met visspullen.
Achter de brug is het park.
In het park is een vijver.
Emma heeft een vaste plek bij de wilg en de berk.
Daar is het zo mooi.
Ze rijdt over het gras
en zet haar fiets tegen de berk.
Ze pakt haar spullen van de fiets.
Aan een haakje doet ze wat brood.
Emma werpt: *zwiep, plop.*
De dobber drijft in het water.
Emma zit en wacht.
'Au.'
Weer een pijltje tegen haar aan.

Boos kijkt ze om.

Ze legt haar hengel neer.

Ze ziet iets achter de wilg.

Dapper loopt ze er naar toe.

Er zit een jongen met een blaaspijp.

'Wat doe je!', roept Emma boos.

'Heb je niets te doen of zo?'

De jongen schrikt.

'Eh ... nee', zegt hij.

'Je kunt gaan vissen', zegt Emma.

'Dat is leuk hoor, kom maar kijken.'

'Zielig', zegt de jongen.

'Echt niet', zegt Emma.

'Je gooit de vis toch weer terug.'

'Daar gaat het niet om', zegt de jongen.

'De vis denkt: hé, een lekker hapje!

En dan ... tsjákkaa, een haakje in zijn bek.'

Emma haalt het haakje naar boven.

Het stukje brood is er af.

'Haha', lacht de jongen.

'Nou heeft de vis toch het brood.'

Emma kijkt sip.

'Nou ja', zegt ze.

'Misschien heb je wel gelijk.

Een haakje doet vast pijn.

Hoe heet je eigenlijk?'

'Ik heet Sem', antwoordt de jongen.

'En jij?'
'Ik heet Emma.
En als je nog één keer een pijltje schiet ...'
'Sorry,' zegt Sem, 'dat was heel stom.'
Emma haalt een pakje drinken uit de koffer.
'Wil je ook?', vraagt ze.
'Oké', zegt Sem.
Ze geeft Sem er ook één.
Sem doet het visnet in het water.
Hij vist van alles op.
Groene algen, takjes en blaadjes
en heel veel blubber.
'Hè bah,' roept Emma, 'wat een vieze troep!'

'Haha', lacht Sem.
Hij wil de blubber naar Emma gooien,
maar Emma rent weg.
'Niet doen!', gilt ze.
Sem rent achter haar aan.
'Ga weg met dat ding!', roept Emma.
Maar Sem plaagt graag.
Emma springt over een stronk.
Sem neemt een sprong.
Maar dan ...
Het net valt op de grond, met de blubber er in.
Sem valt ook.
Precies met zijn gezicht in het net.
Zijn gezicht zit onder de blubber.

'Hahaha!'
Emma giert het uit.
Ze doet het bijna in haar broek.
'Kom mee naar huis', lacht ze.
'Dan kun je je gezicht wassen.'
Sem mag achterop bij Emma.
Hij draagt de hengel en het net
en heeft de koffer op schoot.

Ze gaan *hobbel de bobbel* over het gras.

Sem stuitert.

'Au, dat doet zeer!', roept hij.

Op het pad gaat het beter.

Emma fietst het park door.

Nu nog de brug op.

Emma trapt en trapt, maar het is veel te zwaar.

Ze komt de brug niet op.

De fiets glijdt weer terug.

Ze slingert en slipt.

'We vallen!', roept ze.

'Help!', roept Sem.

*Bwammm!*

Daar liggen ze.

De visspullen liggen overal.

Haakjes, dobbers, draad en brood.

'Heb je pijn?', vraagt Sem.

'Mijn knie', kreunt Emma.

'En jij?', vraagt ze.

'Alleen mijn arm', zegt Sem flink.

Ze rapen de spullen bij elkaar.

Emma zet de fiets weer rechtop.

Ze lopen de brug op.

Dat is beter.

'Stap maar weer op, Sem', zegt Emma.

En ze fietst het park uit.

## 2 Preikoekjes

'Hier is het', zegt Emma.

Ze maakt de deur open.

'Is er niemand thuis?', vraagt Sem.

'Nee,' zegt Emma, 'mijn vader werkt.'

'O', zegt Sem.

'En je moeder dan?'

'Die is in de hemel', antwoordt Emma.

'Toen ik één jaar was, ging ze dood.

Kijk', zegt ze.

Ze laat een foto zien.

'Dit is mama en dit ben ik.'

'Waarom ging ze dood?', wil Sem weten.

'Ze werd heel erg ziek', vertelt Emma.

'De dokter kon niets meer doen.'

'Wat erg', mompelt Sem.

'Het is fijn in de hemel', zegt Emma.

'Ze waakt als een engel over mij.

Dat zegt mijn vader.

Was nu maar je gezicht', lacht ze.

'Je ziet er niet uit.'

Emma wijst Sem de badkamer.

Sem boent en schrobt.

'Wil je sinas?', roept Emma.
'Ja, lekker!', roept Sem terug.
Sem is weer schoon.
Hij neemt een slok.
'Hmm, lekker!', zegt hij.
'Thuis krijg ik nooit sinas.
Dat is niet gezond, zegt mijn moeder.'
'Hier,' zegt Emma, 'lust je deze?'
'Wauw', zegt Sem.
'Wokkels?
Die krijg ik ook nooit.'
'Wat eet je dan?', vraagt Emma.
'Konijnenkeutels?
Haha!
Of preikoekjes met wortelsap?'
Sem en Emma gieren van de pret.

'Het is al vijf uur', zegt Sem.
'Ik moet gauw naar huis.'
'Morgen weer naar het park?', vraagt Emma.
'Goed', zegt Sem.
'Dan nemen we eten mee.'
'En een kleed', bedenkt Emma.
Sem holt de straat uit.
'Tot morgen!', roepen ze.
Emma belt papa op.
'Hoi pap', zegt ze.

'Hoi schat', zegt papa.

'Ik ben bijna thuis.'

'Oké, tot zo', zegt Emma.

Emma zit op de bank en kijkt tv.

Even later hoort ze de deur.

Daar is papa.

'Hoi pap', roept Emma en ze holt naar de gang.

'Hé, schat van me', roept papa.

Papa tilt Emma op en zwiert haar door de kamer.

*Plof,* op de bank.

'Hoe was je dag?', vraagt papa.

'Ik heb een nieuw vriendje', vertelt Emma.

'Hij heet Sem.

Morgen gaan we weer naar het park.'

'Wat leuk voor je', zegt papa.

# 3 Wat was dat?

'Wat eten we?', vraagt Emma.
'Eh ...', zegt papa.
'Laten we kijken wat er in huis is.'
Papa kijkt in de koelkast.
Eieren, boter, sinas en melk.
Emma kijkt in de vriezer.
Raketjes en brood.
Samen kijken ze in de kast.
Wokkels, koek, spekjes, meel en suiker.
'Ik weet wat!', roept Emma.
'We hebben eieren, melk en meel.'
'Nou?', vraagt papa.
'Wat hebben we daar aan?'
'Pannenkoeken!', juicht Emma.
Emma doet het meel in een kom.
Daar doet ze de melk en de eieren bij.
Ze roert en roert.
Papa zet een pan met boter op het vuur.
Dan doet hij het beslag er in.
Na een tijdje gooit papa de pannenkoek omhoog,
maar het lukt niet.
Hij klapt dubbel en blijft in de pan plakken.

'Nou ja,' zegt papa, 'deze neem ik wel.
Die is mislukt.'
De volgende pannenkoek mislukt ook.
'Mag ik eens?', vraagt Emma.
Ze doet een klontje boter in de pan
en laat het bruin worden.
Ze schenkt het beslag er bij.
Ze wacht tot de bovenkant droog is.
En dan ... geeft ze de pan een zwiep.

De koek vliegt de lucht in.
Hij komt weer netjes in de pan.
'Die is voor mij!', zegt Emma trots.

De volgende dag komt Emma uit school.
Alles wat ze kan vinden, stopt ze in een mand.
Wokkels, koek, sinas en spekjes.
Ze pakt ook een kleed.
Dan fietst ze de straat uit.
De brug over, het park door.
*Hobbel de bobbel* over het gras.
Ze ziet Sem al.
Bij de wilg en de berk.
'Hoi', zegt Sem.
'Hoi', zegt Emma.
Emma zet haar fiets bij de berk.
'Kijk', zegt ze.
En ze legt een kleed op het gras.
Sem haalt twee appels uit zijn tas,
twee broodjes ham en sap.
'Lekker', zegt Emma.
'En de preikoekjes?'
Sem lacht.
'Wat heb jij dan?'
Emma pakt de sinas uit de mand.
En de wokkels, koek en spekjes.
'Wauw!', roept Sem.

'Wat nemen we eerst?'
Ze beginnen met de wokkels.
Dan een spekje.
Emma draait de fles sinas open.
Maar dan gebeurt er iets.
Iets wits rent over het kleed.
'Wat was dat?', roept Sem verbaasd.
Plots komt er een grote hond.
Hij blaft.
De hond rent ook over het kleed.
De fles sinas valt om.
Alle sinas spuit er uit.
Over de broodjes, de appels en de spekjes.
Een man fluit op zijn vingers.
De grote hond keert om en gaat naar zijn baas.
'Bah', zegt Emma sip.
'Alles is nat!'
'Wat geeft het', zegt Sem.
'Nou smaken de appels naar sinas.'
'Haha, dan hebben we sinaasappels!',
lacht Emma.

# 4 Samen delen

'Hé,' zegt Emma, 'zie jij daar ook iets?'
'Waar?', vraagt Sem.
'Daar bij die struik', wijst Emma.
'Ja', zegt Sem.
'Daar zit iets wits.'
Zachtjes sluipen Sem en Emma er naar toe.
'Het is een hondje', fluistert Emma.
'Kom dan', zegt Sem.
Emma pakt wat ham van een broodje
en legt het op haar hand.
'Kom maar', zegt ze.
*Snuf, snuf,* doet het hondje.
*Hap, hap.*
Het hondje eet de ham van haar hand.
Emma aait het hondje.
'Je stinkt', zegt ze.
'Hij heeft geen band om zijn hals', zegt Sem.
'Heb je geen baasje?'
'Laten wij hem houden', stelt Emma voor.
'Dat vindt mijn moeder nooit goed', zegt Sem.
'Mijn vader gaat vast zeuren', zegt Emma.
'En dan moet hij naar het asiel.

Weet je wat?

We houden hem gewoon stiekem.'

'Ja', zegt Sem.

'Hoe zullen we hem noemen?'

'Kees of Koos?', bedenkt Emma.

'Rakker of Rikkie!', roept Sem.

'Snoes, Smees, Droes.'

'Tom, Tim, Tam?'

Opeens zeggen ze allebei:

'Sam!'

Sem en Emma lachen.

'Oké,' zegt Emma, 'Sam.

Maar we moeten hem wél samen delen.'

'Dan doen we samsam', zegt Sem.

'Haha, dat is een goeie!', lacht Emma.

'Samsam betekent samen delen.'

'Hondje,' zegt Emma plechtig,

'vanaf nu heet je Samsam.'

Samsam kwispelt met zijn staart.

'Kom', zegt Emma.

'We nemen hem mee naar huis.

Samsam moet eerst in bad.'

Sem en Emma pakken het kleed op.

Ze doen alles in de mand.

De koek, de broodjes, de appels en de sinas.

Samsam mag in de rugzak van Sem.

Zijn kopje steekt er uit.

Ze stappen op de fiets.
*Hobbel de bobbel* over het gras.
Over het pad en de brug, de straat uit.
Dan zijn ze bij het huis van Emma.

Samsam gaat in bad.
'Zo,' zegt Emma, 'lekker veel sop.'
Samsam vindt het niet leuk.
Hij wil uit het bad.
'Nee,' zegt Emma streng, 'je moet eerst schoon.'
Ze spoelt het sop uit zijn vacht.
'Al klaar!', zegt ze dan.
Ze tilt Samsam uit het bad.
Hij schudt zijn vacht uit.
Sem en Emma worden nat.

Sem droogt Samsam af.

'Wat moet hij eten?', vraagt Sem.

'Dat is waar ook', zegt Emma.

Ze keert haar spaarpot om.

'Dat is wel genoeg om eten te kopen', zegt ze.

'En een riem?', vraagt Sem.

Emma zoekt in haar kast.

'Hebbes', zegt ze.

'De halsband van mijn beer.'

Emma doet de band om Samsams nek.

'Hij past', zegt ze blij.

Ze zoekt nog eens in de kast.

'Ah, daar is mijn springtouw.'

Ze maakt het touw vast aan de halsband.

'Wat goed van je', zegt Sem.

'Ga je mee?', vraagt Emma.

Samsam kwispelt met zijn staart.

Ze gaan naar de winkel.

Samsam doet een plas bij een boom.

En nog één bij een struik.

En nog één bij een paal.

Bij de winkel moet hij wachten.

'Zit!', zegt Emma.

'Zit en wacht!'

In de winkel vindt Sem het pad met voer.

Emma pakt een doos brokken.

Opeens hoort Sem zijn moeder.

'Sem, wat doe jij hier?', vraagt ze.

Sem wordt rood.

'Ik eh ... ging met Emma mee', zegt hij.

'Dag mevrouw', zegt Emma beleefd.

Ze geeft de moeder van Sem een hand.

'Dag Emma', zegt de moeder aardig.

'Leuk om je eens te zien.

Ik wist niet dat je een hond hebt.'

'Nee', zegt Emma gauw.

'Die heb ik ook niet, hoor.

Die brokken zijn voor mijn vader.'

Sems moeder kijkt haar verbaasd aan.

'Ik ga maar weer', zegt ze.

'Sem, ben je om vijf uur thuis?'

'Goed', antwoordt Sem.


Even later zijn ze weer thuis.

Emma zet een bak water in haar kamer.

En een bakje brokken.
Samsam eet alles op.
'Het is bijna vijf uur', zegt Sem.
'Ik moet naar huis.
Wat spreken we af?'
Emma heeft een plan.
'We zetten de wekker om zes uur
en dan sluipen we het huis uit.
Ik neem Samsam mee.
We lopen naar elkaar toe.
En dan laten we hem uit.'
Sem vindt het een goed plan.
'Tot morgen.'

Zo gaat het elke ochtend.
Zo zacht als ze kunnen, sluipen ze hun huis uit.
De vader van Emma heeft niets in de gaten.
De moeder van Sem is ook in diepe slaap ...

## 5 Stapelgek

Tot op een dag ...
Emma loopt de trap af met Samsam op haar arm.
Er ligt een krant op de trap.
Emma glijdt uit.
*Bom, bom!*
O nee!
Als papa maar niet wakker wordt.

Sem sluipt naar de hal.
Hij kan zijn jas niet vinden.
De kapstok hangt ook zó vol.
*Plof!*
Eén jas valt op de grond.
Nog een jas en een tas.
O nee!
Als mama maar niet wakker wordt.

De vader van Emma rekt zich uit.
Hij stapt uit bed.
Wat was dat voor een geluid?
Hij sloft de trap af.
*Bam!*

De voordeur slaat dicht.
'Wat is hier aan de hand?', zegt hij.
Papa doet de voordeur open.
Waar gaat Emma naar toe?
En waar komt dat hondje vandaan?
Papa sluipt achter Emma aan.
In zijn badjas.

De moeder van Sem rekt zich uit.
Ze stapt uit bed.
Wat was dat voor een geluid?
Op blote voeten loopt ze door de gang.
*Bam!*
De voordeur slaat dicht.
'Wat is hier aan de hand?', zegt ze.
Mama doet de voordeur open.
Waar gaat Sem naar toe?
Mama sluipt achter Sem aan.
In haar nachthemd.

Papa verstopt zich achter een auto.
Mama duikt achter een vuilnisbak.
'Hoi Em', zegt Sem.
'Hoi Sem', groet Emma terug.
Sem aait Samsam over zijn kop.
Ineens staat papa voor hun neus.
En plots is daar ook mama.

Sem en Emma schrikken zich naar.

'Wat is hier aan de hand?', vraagt papa streng.

'Wat doen jullie zo vroeg buiten?',
vraagt mama boos.

'Waar komt die hond vandaan?',
vraagt papa weer.

'Ja, dat wil ik ook wel eens weten', zegt mama.

'Dit is Samsam', zegt Emma.

'Hij is van ons samen', zegt Sem.

'En hij moet poepen.'

'Kom eerst mee naar huis', zegt papa.

'Dan praten we er daar wel over.'

'Dat kan niet', zegt Emma.

'Samsam heeft nog niet gepoept.'

Papa zucht.

'Kom mee naar huis, Sem', zegt mama.

'Dat kan niet', zegt Sem.

'Samsam is van samen.

We laten hem samen uit.

Dat is de afspraak.'

Mama zucht.

Dan begint papa te lachen.

Haha, het is ook wel een heel gek gezicht.

In een badjas op de stoep.

Mama begint ook te lachen.

'Heb je zin in thee?', vraagt ze.

'Eh ja ... ja graag', stottert papa.

'Ik heet Iris', zegt mama.
'Eh ik ... ik heet Bob', stottert papa weer.
Ze blozen allebei.

Sem en Emma kijken elkaar aan.
Samen lopen ze naar het veldje met Samsam.
'Wat doet mijn vader stom', zegt Emma.
'En mijn moeder dan?
Die giechelt zo dom.'
'Kijk nou,' zegt Emma verbaasd,
'ze lopen gewoon weg!'
'Het is geen gezicht,' zegt Sem,
'in een nachthemd over straat.
Ik hoor er niet bij, hoor.'
'Ze zijn ons vergeten', zegt Emma.
'Net goed', zegt Sem.
'Ze gaan toch alleen maar zeuren.'
'Waar is jouw vader?', vraagt Emma.
'Mijn vader woont in Egypte', antwoordt Sem.

'Ze zijn gescheiden.'
'O,' zegt Emma, 'wat naar.
Wanneer zie je hem dan?'
'Eén keer per jaar', zegt Sem.
'Dan mag ik mee naar Egypte.'
'Wat spannend!
Ben je wel eens in een piramide geweest?'
'Ja, zo vaak', zegt Sem.
'Wauw,' zucht Emma, 'dat zou ik ook wel willen.'

Ze gaan naar het huis van Sem.
Papa zit op de bank en mama schenkt thee in.
Sem hoort zijn moeder lachen.
'Waar hebben ze het over?', fluistert hij.
'Of mijn vader écht hondenvoer eet',
zegt Emma.
Sem en Emma komen de kamer binnen.
Met Samsam.
'Wat is er?', vraagt papa.
'Wat is er?', doet Emma verbaasd.
'Je doet echt raar, pap.
Dit is Samsam', zegt ze dan.
'En we willen hem graag houden.'
'Hij heeft geen baasje', zegt Sem.
'Mag het, mam?'
'Ja, mag het van jou, pap?', smeekt Emma.
Papa kijkt Iris aan.

Mama kijkt Bob aan.
'Eh eh ...', stottert papa.
'Goed dan', zegt hij.
'Vooruit', zegt mama.
'Maar denk er om ...
Jullie laten hem zelf elke dag uit.'
Sem en Emma juichen en rennen de trap op.
Samsam rent achter hen aan.
'Dat is ook wat', zegt Sem.
'Eerst zijn ze boos dat we Samsam uitlaten.
En nou móéten we hem uitlaten.'
'Wat maakt het uit', lacht Emma.
'Ouders zijn gek.'
'Stapelgek', lacht Sem.

# 6 Petsjop

'Wel fijn dat we niet meer zo vroeg op hoeven',
zegt Emma.
'Ja', zegt Sem.
'Samsam is geen geheim meer.
Nu mag hij ook bij mij thuis.
Eén dag bij jou en één dag bij mij?'
'Goed', zegt Emma.
'We doen om en om.'
'We hebben spullen nodig', zegt Sem.
'Een mand, een riem, een voerbak ...'
Emma bedenkt nog meer.
'Een bal, een kluif, een borstel ...
Weet je wat?', zegt ze.
'We maken een lijst.
Eén lijst voor je moeder.
En één lijst voor mijn vader.
Dat heb je als je in twee huizen woont.
Dan moet je alles twee keer hebben.'
'Ja, dat is waar', zegt Sem.

Sem en Emma gaan de trap af.
'Pap, we hebben een lijst!', roept Emma.

'Ja, mam!', roept Sem.
'Ik heb er ook één voor jou.'
Sem en Emma hollen de kamer in.
Samsam holt achter hen aan.
'Waar zijn ze?', zegt Emma verbaasd.
'Net waren ze er nog.'
Ze snappen er niets van.

Dan kijkt Sem op de klok.
'Oeps, het is al kwart over acht.
Mijn moeder is vast al naar haar werk.'
'Ook stom dat ze niets zeggen', zegt Emma.
'En de school begint zo', zegt Sem.
'We moeten ons haasten.'

'Kom gauw', zegt de juf.
'De bel is al gegaan.'
Emma vertelt dat ze een hondje heeft.
'Wat leuk,' zegt de juf, 'hoe heet hij?'
'Samsam', antwoordt Emma.
En ze vertelt van Sem in het park.
Van de grote hond en de sinas.

'Sem en ik zorgen samen voor hem.'
'Wat een mooi verhaal', zegt de juf.


Als Emma uit school komt, is papa er al.
'Pap?
Ben je al klaar met werken?
En laat je je baard staan?'
'Haha', lacht papa.
'Ik heb een vrije dag genomen.
En morgen scheer ik me weer.'
'Waar was je vanmorgen?', wil Emma weten.
'Je was opeens weg.
En Sems moeder ook.
Je kon toch wel gedag zeggen?'
'Ja, ja', zegt papa.
'We waren de tijd vergeten.
Iris sprong ineens op.
Ze moest op tijd op haar werk zijn.
"Zeg jij de kinderen gedag", riep ze.
"En zeg dat ze naar school moeten gaan."
Toen bleek dat haar band lek was
en heb ik haar gebracht met de auto.

Ik kwam zo snel mogelijk terug,
maar jullie waren al naar school.
Toen heb ik de band geplakt.'
'Hm', doet Emma afkeurend.
'En dat allemaal in je badjas?'
'Haha.'
Papa lacht.
'Eh ... ja.
Dat is wel een beetje raar, hè?'
'We moeten naar de winkel, pap', zegt Emma.
'Ik heb een lijst gemaakt.
Dit hebben we nodig voor Samsam.'
Emma laat het lijstje zien.
Papa schrikt er van.
'Zo veel spullen?
Ik weet niet of dat ...'
'Pap', zegt Emma.
'We hebben nou eenmaal een hondje.
Dan moeten we er ook voor zorgen.'
Papa moppert nog wat.
'Vooruit dan maar', zegt hij.
'Moet Sem niet mee uitzoeken?'
'Nee,' zegt Emma, 'ik wil het zelf uitkiezen.
Een zacht mandje.
Lichtblauw of lila?
Een rood riempje of paars?
En een halsband met glitters ...'

Even later zitten ze in de auto.
'Petsjop?', zegt Emma als ze naar de winkel kijkt.
'Ik ga toch geen pet kopen?'
Papa lacht.
'Het is een verzonnen woord.
"Pet" betekent "huisdier".
En "sjop" lijkt op het Engelse woord voor "winkel".
Het is een dierenwinkel.'
Voor de winkel staat een rode fiets.
Papa bloost.
'Eh ...', stottert hij.
'Ik rij even terug.
Geld vergeten.'
Papa geeft gas en rijdt snel naar huis.
Hij holt de badkamer in.
'Wat doe je?', roept Emma.
'Je hoeft toch alleen geld te pakken?'
'Eh ... en even naar de wc!', roept hij.
Emma zucht.
Wat duurt dat lang.
Dan komt papa de trap af.
'Hè, hè, ben je er eindelijk?'

Met een vaart rijdt papa de straat uit.
Snel parkeert hij de auto voor de dierenwinkel.
De rode fiets staat er nog.
Papa en Emma gaan de winkel binnen.

'Hé, daar is Sem!', roept Emma.

'Met zijn moeder.'

'Nee maar', doet papa verbaasd.

'Dat is óók een toeval!'

'Hoi Bob!', zegt de moeder van Sem.

'Wat fijn dat je mijn band hebt geplakt.'

'Geen moeite, hoor', zegt papa.

'Dat was zo voor elkaar.'

Sem houdt een rieten mandje vast.

In het mandje zitten spullen.

Een bal, een kluif, een voerbak ...

Al gauw heeft Emma ook een mandje.

Een zachte.

Blauw met witte pootjes er op.

Ze kiest een bal en een voerbak.

En een zak met kluifjes.

'O ja, én een borstel', bedenkt ze.

'Die roze neem ik.'

'Dan neem ik de blauwe', zegt Sem.

'Nu alleen nog een halsband', zegt Emma.

'En een riem', vult Sem aan.

Sem kiest een groene.

Emma een rode met glitters.

'Ho, ho', zegt papa.

'Eén riempje is genoeg, hoor.

Daar doen jullie samen mee.'

Emma is het er niet mee eens.

'De groene is voor in het bos.
En de rode is voor netjes.'
'Nee hoor', zegt de moeder van Sem.
'Ik ben het met je vader eens.
Kies maar één riempje uit.
Het is allemaal duur genoeg.'
Sem heeft een idee.
'We nemen de rode halsband.
En het groene riempje.
Of andersom.'
'Dat is stom', zegt Emma.
'Echt weer iets voor een jongen.
Dat staat toch niet bij elkaar?
We nemen de rode met glitters.'
'Goed dan', zegt Sem.
'Neem de rode maar.'
'Joepie!', juicht Emma.

'Ik heb bami gemaakt', zegt Sems moeder.
'Willen jullie bij ons eten?'
'Eh ja, gezellig', zegt papa.
'Ja toch, Emma?'
Emma knikt.
'Met kroepoek?'
Sems moeder lacht.
'Ja hoor, met kroepoek!'

# 7 Een drol in de gang

'Mmm', zegt Emma.
'Dat was lekker.'
'Mogen we naar boven?', vraagt Sem.
Zijn moeder vindt het goed.

Sem en Emma zitten op bed.
'Mijn vader kan écht niet netjes eten.
De bamislierten zitten op zijn kin.'
'Haha', lacht Sem.
'En weet je wat zo raar is?', zegt Emma.
'We gingen naar de dierenwinkel.
En mijn vader had een beetje een baard.
Opeens reden we met een vaart terug.
Zogenaamd geld vergeten.
Hij bleef in de badkamer.
Uren!
Toen scheurden we weer terug.
En nou weet ik het: hij heeft zich geschoren.
Hij heeft je moeders fiets zien staan.
Sem, ik weet het zeker', zegt Emma.
'Ze zijn verliefd.'
'Wat?', roept Sem verbaasd.

'Mijn moeder?
Ieuw!'
'Ja', zegt Emma.
'En mijn vader dan?
Ieuw!'
Een tijdje zeggen ze niets meer.

Die avond mag Samsam mèe met Emma.
Ze glundert.
Het rode riempje staat zó mooi.
Papa glundert ook.

Emma staat vroeg op en laat Samsam uit.
Ze geeft hem voer en water.
'Nu ga ik naar school', zegt ze.
'Braaf wachten!'
Ze geeft Samsam een kluif.

Na school holt Emma naar huis.
Het regent heel hard.
Samsam staat al bij de deur.
'Waf, waf, waf', doet hij blij.
Hij kwispelt met zijn staart
en rent rondjes door de kamer.
Samsam moet uit.
Maar Emma heeft nu écht geen zin.
'Het regent buiten', zegt ze.
'We wachten wel tot het droog is.'
Ze zet de tv aan.
Samsam springt op schoot.
Emma kijkt de ene tekenfilm na de andere.
Ze belt papa op.
Maar papa is niet meer op zijn werk.
'Hij is nét de deur uit', zegt een meneer.
'Oké', zegt Emma.
Hij zal zo wel komen, denkt ze.
Ze kijkt nog een film.
En het nieuws.
Waar blijft papa nou?
Het is al kwart over zes!
Emma belt papa op zijn mobiel.
'Spreek een bericht in na de piep', hoort ze.
*Piep!*
'Bah, stomme papa', zegt Emma.
Dan hoort ze de deur open gaan.

Emma rent naar de gang.
Papa heeft zijn handen vol.
Een bos rode rozen en een paar tassen.
'Hoi Emma', zegt papa.
'Hoi', zegt Emma sip.
Papa legt de bloemen in de keuken
en loopt de trap op met de tassen.
'Ik moet zó weg!', roept papa.
'Tante Jo komt oppassen.'
'Waarom?', roept Emma terug.
'Ik ga uit eten', zegt papa.
'Waarom mag ik niet mee?', vraagt Emma.
'Nu niet', zegt papa.
Hij loopt de trap weer af.
Papa ruikt naar parfum
en hij heeft een nieuw pak aan.
'Wat is er met je haar gebeurd?', vraagt Emma.
'Ik ben naar de kapper geweest', antwoordt papa.
'Vind je het niet mooi?'
'Hmm', zegt Emma alleen maar.
Papa poetst zijn schoenen.
*Tringgg!*
De bel gaat.
'Daar is tante Jo', zegt papa.
'Wil jij even open doen?'
Papa poetst en wrijft.
Emma doet open.

'Dag Emma', zegt tante Jo.

Ze geeft Emma een zoen.

'Zo', zegt tante Jo.

'Ik ga eens lekker voor je koken.'

'Wat dan?', vraagt Emma.

'Wat denk je van hutspot?', vraagt tante Jo.

Ze geeft Emma een knipoog.

'Hutspot, wat is dat?', vraagt Emma.

'Peen, ui en aardappels', antwoordt tante Jo.

'Alles door elkaar gehutseld.'

Emma trekt een vies gezicht.

Papa pakt de rozen uit de keuken.

Zijn schoenen glimmen.

'Dag, ik moet gaan', zegt hij haastig.

Hij geeft Emma een kus.

'Lief zijn, hè!', zegt hij.

Papa pakt zijn jas van de kapstok.

Maar dan ... glijdt hij uit.

'Emmáááá!', brult papa.

Emma komt.

'Wat is er?', vraagt ze.

Papa is heel boos.

Hij heeft in de poep gestaan.

Met zijn mooi gepoetste schoen.

'Van wie is die drol?', moppert hij.

'Oeps', fluistert Emma.

'Van Samsam.'

'Heb je hem niet uitgelaten?', vraagt papa nors.

'Het regende zo', zegt Emma.

'Ik wachtte even tot het droog was.'

'Nou kom ik te laat', mokt papa.

'Ze zal wel denken.'

'Wie dan?', vraagt Emma.

'Iris', zegt papa.

'De moeder van Sem.'

'Wát?', roept Emma.

'Al die drukte om de moeder van Sem?

En ik dan?

Ik wacht de hele middag op je.

En als je thuiskomt, ren je meteen naar boven.

Je stinkt naar parfum.

Je ziet er stom uit in die kleren.

En nou moet ik ook nog hutspot eten!'

Emma stampt naar boven.

*BAM!*

Ze slaat de deur van haar kamer dicht.
Ze weet niet wat ze voelt,
maar ze voelt zich heel naar.
'Emma!', roept papa naar boven.
'Emma!'
Maar Emma wil niet meer praten.
Papa zucht.
'Laat haar maar', zegt tante Jo.
'Ik praat zo wel met haar.'
Papa veegt zijn schoen schoon.
'Bah, bah en nog eens bah.'
Papa wil de deur uit gaan.
'Je vergeet de rozen!', roept tante Jo hem na.
'O ja, de rozen', zucht papa.

## 8 Door een roze bril

Tante Jo loopt naar boven.
Ze klopt op de deur van Emma.
Emma zegt niets.
Ze weet heus wel wat tante Jo gaat zeggen.
'Stel je niet zo aan, Emma.
Je vader mag ook wel eens wat leuks doen.'
Emma ligt op haar bed.
Ze huilt.
Tante Jo doet de deur op een kier.
'Mag ik binnen komen?', vraagt ze.
'Hmm', pruilt Emma.
Tante Jo gaat op het bed zitten.
'Zullen we samen Samsam uitlaten?
Het is nu droog.'
Emma komt overeind en stapt van het bed.
Zonder iets te zeggen bonkt ze de trap af.
Ze doet Samsam zijn riempje om.

Samsam moet nodig plassen.
Bij elke boom staat hij stil.
Emma zegt nog steeds niets.
Ze lopen langs een friettent.

Wat ruikt dat lekker!
'Zin in patat?', vraagt tante Jo.
'Of zal ik toch hutspot maken?'
Verbaasd kijkt Emma op.
'Patat', zegt ze.
Ze kijkt weer een beetje blij.

'Twee patat en twee kroketten', bestelt tante Jo.
Ze zitten aan een tafeltje.
Samsam ligt braaf op de grond.
Emma smult van haar patat.
'Raar hè?', zegt tante Jo.
'Als je vader zo vreemd doet?'
'Vreemd?', zegt Emma.

'Hij doet stom en stelt zich aan.'

'Dat doen verliefde mensen', zegt tante Jo.

'Dat deed hij ook toen hij verliefd was
op je moeder.'

'Dat mijn moeder dat leuk vond', zegt Emma.

'Je moeder was ook verliefd', vertelt tante Jo.

'Dan heb je dat niet door.
Dan zie je alles door een roze bril.'

'Door een roze bril?', vraagt Emma.

'Hoezo?'

'O, dat zeggen ze alleen maar', legt tante Jo uit.

'Iemand die door een roze bril kijkt,
ziet alles anders.

Dan lijkt alles mooi, lief en héél fijn,
en je denkt dat het nooit over gaat.'

'Het gaat toch wel over?', wil Emma weten.

'Ja', zucht tante Jo.

'Verliefd zijn gaat over.

Daarna hou je heel veel van elkaar
en wil je voor altijd bij elkaar zijn.'

Emma schrikt.

'Voor altijd?

En ik dan?

Ik ben toch altijd bij papa?'

'Jij blijft altijd zijn grote schat', zegt tante Jo.

'Dat gaat nooit over.

Het hart van papa is heel groot.

Het grootste plekje is voor jou.
Er is een plekje voor je moeder.
En nu is er ook een plekje voor Iris.
Je zult het zien: als papa gelukkig is,
kan hij beter voor je zorgen.'
'Daar merk ik niets van', zegt Emma.
'Hij laat me nu al in de steek.'
'Papa wil Iris eerst leren kennen.
Dan weet hij zeker of ze bij hem past.'
Emma stopt het laatste patatje in haar mond.
Ze lopen naar huis.

'Zullen we een spel doen?', stelt tante Jo voor.
'Dammen of ganzenbord?'
'Kunnen we niet op de pc?', vraagt Emma.
'Daar ben ik niet goed in, hoor', zegt tante Jo.
'Geeft niet', zegt Emma.
'Ik leg het wel uit.'
Emma zet de pc aan.
*Flits, flits,* doet het beeld.
Tante Jo knippert met haar ogen.
Emma gaat met de muis naar links.
*Klik,* dan naar rechts, *klik, klik.*
Tante Jo snapt er niets van.
'Kijk', zegt Emma.
'Je hoeft alleen maar zó te doen.
Dan ga je vooruit.

Dit is springen.
Hiermee kan je sturen.
Zo gaat de turbo aan.
Dit is schieten.
Als je dáár bent, heb je gewonnen.'
'Vooruit dan maar', zegt tante Jo.
Emma drukt de knoppen in.
Ze gaat vooruit en schiet.
Ze stuurt en springt.
Haar wangen zijn rood.
Tante Jo hoort een raar geluid.
Ze valt in een diep zwart gat.

'Turbo!', roept Emma.
'Gewonnen!
Leuk spel, hè!'
Tante Jo puft.
'Dat is niet bij te houden, hoor.
Potje ganzenbord?'
'Oké', zegt Emma.

## 9 In de put

Tante Jo dobbelt.
'Negen', roept ze blij.
Ze gaat negen vakjes vooruit.
'Ach, nou zit ik in de put.
Ik moet wachten tot jij me er uit haalt.'
Emma gooit.
En nog eens en nog eens.
De put is ze allang voorbij.
'Vier!
Eén, twee, drie, vier.
En nu?', vraagt Emma.
'Nu zit ik in de gevangenis.'
'Tja', zegt tante Jo.
'Dan mag ik vast wel uit de put.'
'Dat is niet eerlijk', zegt Emma.
*Tringgg!*
De telefoon gaat.
Emma neemt op: 'Met Emma.'
'Hoi Emma, met Sem.'
'Hoi Sem!'
'Ik verveel me', zegt Sem.
'Ben je alleen?', vraagt Emma verbaasd.

'Ja', antwoordt Sem.
'De oppas kon opeens niet.
Mijn moeder heeft haar mobiel bij zich
voor als er iets is.
Ik moet straks zelf naar bed.
Maar ik vind er niets aan.'
'Kom dan bij ons', zegt Emma.
'Mag dat wel?', vraagt Sem.
'Tante Jo?', vraagt Emma.
'Kunnen we Sem halen?
Hij is heel bang.
Er ligt een monster onder zijn bed.
Er zweeft een spook door de kamer.
En er kruipen spinnen in de wc.'
Sem moet erg lachen.
Maar dat hoort tante Jo niet.
'Nou, vooruit dan', zegt tante Jo.
'We komen', zegt Emma.
'Hou vol.'

Samsam mag ook mee.
Hij snuffelt aan elke boom
en hij poept op de stoep.
Tante Jo pakt het op met een zakje.
'Wat doe je?', vraagt Emma.
'Ik raap het op', antwoordt tante Jo.
'Zo hoort dat.

Dat zou iedereen moeten doen.

Dan stapt niemand meer in de poep.'

'Wat ga je er mee doen?', vraagt Emma.

'Ik gooi het in de vuilnisbak', zegt tante Jo.

'Of we nemen het mee naar huis',

bedenkt Emma.

'Dan leggen we het in de vriezer

en dan hou ik papa voor de gek.'

'Haha', lacht tante Jo.

'Pas maar op.

Dan ligt het straks op jouw bord.

Naast de bloemkool.'

Daar is het huis van Sem.

Hij staat al bij de deur.

'Dag Sem', zegt tante Jo.

Ze geeft Sem een hand.

'Dag mevrouw', zegt Sem beleefd.

'Zeg maar "tante Jo".'

Tante Jo gaat naar binnen.

'Even een briefje schrijven', zegt ze.

'Anders schrikt je moeder zo.'

Tante Jo plakt het briefje op de deur.
'Zo', zegt ze.
'Dan ziet ze het meteen.'

Sem doet mee met ganzenbord.
Hij gooit en gooit.
Tante Jo zit nog in de put
en Emma in de gevangenis.
'Misschien gaan ze wel trouwen', zegt Emma.
'Wie?', vraagt Sem.
'Nou, mijn vader en jouw moeder', zegt Emma.
Sem trekt een raar gezicht.
Hij stapt met zijn gans zes stappen vooruit.
'Ik mag weer!', roept Emma.
Tante Jo haalt wat uit de kast.
Snoepjes!
Emma gooit twee keer hetzelfde.
Dan mag je nóg een keer.
Keer op keer gooit ze dubbel.
Ze is bijna bij het eind.
'Eén, twee, drie, vier, vijf, zes ...'
'Je bent op het kerkhof', zegt tante Jo.
'Dan moet je naar het begin.'
Met een zucht pakt Emma haar gans
en zet hem op *Start*.
'Dan worden we stiefkinderen', zegt Emma.
'Wie?', vraagt Sem.

'Wij!', zegt Emma.

'Jij wordt mijn stiefbroer en ik jouw stiefzus.'

Sem trekt weer een raar gezicht.

'Mag ik dan sinas en wokkels en zo', zegt hij.

'Tuurlijk', zegt Emma.

Ineens kijkt ze niet meer blij.

'Of moet ik prei en peen eten van jouw moeder?

Misschien is jouw moeder een boze stiefmoeder,

zoals bij Assepoester.

En dan moet ik dweilen en de afwas doen.'

'Welnee', lacht tante Jo.

'Als dát zo is, ben ik de goede fee.

Dan tover ik je om in een prinses

en mag je in het paleis wonen.'

Sem dobbelt: 'Acht.'

'Haha', lachen tante Jo en Emma.

'In de gevangenis!'

Emma gooit vijf.

'In de put!', juicht tante Jo.

Emma kijkt sip.

Tante Jo mag uit de put.

Ze gooit achterelkaar.

Ze stapt en stapt met haar gans.

De gevangenis en het kerkhof voorbij.

'Drie!

Eén, twee, drie.

Gewonnen!

Leuk spel, hè?', zegt ze.

Sem kijkt sip en Emma ook.

'Hier, neem nog een snoepje', zegt tante Jo.

## 10 Een warme deken

'Wanneer komt papa thuis?', vraagt Emma.
'Dat weet ik niet', antwoordt tante Jo.
'Ze hebben vast veel te bespreken.
Gaan jullie maar vast naar bed.'
'Slaap ik ook hier?', vraagt Sem.
'Wil je liever naar huis?', vraagt tante Jo.
'Naar het monster, het spook en de spinnen?'
Sem en Emma lachen.
Ze rennen de trap op.
Emma geeft Sem een nachthemd.
'Een nachtpon!', roept Sem uit.
'Die trek ik écht niet aan.'
'Het is geen nachtpon', zegt Emma.
'Het is een nachthemd.
Wil je hier slapen of niet?'
'Oké dan', zegt Sem.
Emma springt in bed.
Sem op het luchtbed.

Tante Jo kijkt tv.
Er is een mooie film.
Na een tijdje valt ze in slaap.

Ze snurkt zelfs als papa thuiskomt.
'Hé Jo, ik ben thuis', zegt papa.
Tante Jo schrikt wakker.
'O, lag ik te slapen?'
'Is het goed gegaan met Emma?', wil papa weten.
'Eh ja', antwoordt tante Jo slaperig,
'alles is goed gegaan.
Ik ga er maar gauw vandoor,
want ik wil naar bed.'
'Bedankt voor het oppassen', zegt papa.
'Graag gedaan, hoor', zegt tante Jo.
Papa ploft op de bank.
*Tringgg!*
De bel gaat.
Zo laat nog?
Wie zou dat zijn?
Papa doet de deur open.
'Iris?', zegt hij verbaasd.
'Hoi Bob', zegt Iris.

Sem en Emma zijn nog wakker.
Ze hebben ook de bel gehoord.
Zachtjes sluipen ze uit bed.
Ze willen horen wat papa en mama zeggen.

'Ik vond dit briefje', zegt mama.
Papa kijkt er naar.

'Een monster, een spook?
Spinnen in de wc?', leest hij.
'Wat is er aan de hand?'
'Niets', zegt mama.
'Sem is bij Emma.
Laten we even gaan kijken.'
Papa en mama lopen de trap op.
'Vlug onder het dekbed', fluistert Emma.
'We doen nét of we slapen.'
Net op tijd.
Papa doet de deur op een kier.
'Ach, kijk nou', zegt hij zacht.
'Ze slapen.'
Zachtjes lopen papa en mama de trap af.
Sem stikt bijna van het lachen.
Emma kan ook niet stoppen met lachen.
Ze stopt het kussen in haar mond.
Dan maakt ze geen lawaai.
Sem en Emma gaan hun bed weer uit.
Op hun tenen gaan ze de trap af.
Ze horen papa en mama praten,
maar de deur is dicht.
Ze doen hun oor tegen de deur.
'Ik hoor niets', zegt Sem.
'Sssst', sist Emma.
'Zo hoor ik ook niets.'
'Wat zeggen ze?', vraagt Sem.

'Bob, ik vind je heel ... leuk', zegt mama.

'Iris', zegt papa.

'Je bent een geschenk uit de hemel.'

De hemel?, denkt Emma.

Daar is mijn moeder.

Opeens krijgt Emma een raar gevoel.

Alsof er een warme deken om haar heen is.

Mijn moeder wil vast dat papa blij is, denkt ze.

Blij met de moeder van Sem.

'Ik versta er niets van', zegt Sem.
Sem gaat nog dichter bij de deur staan.
'Glas wijn?', hoort hij zeggen.
Papa doet de deur open.
Sem en Emma tuimelen de kamer in.
Papa en mama schrikken zich naar.
'Wat krijgen we nou?', roept papa.
'Sem,' zegt mama, 'kom eens hier.'
Emma gaat gauw naar boven
en doet haar deur dicht.
Papa klopt op haar deur.
'Emma, mag ik binnen komen?'
'Hmm', doet Emma.
Papa gaat bij haar op het bed zitten.

## 11 Anders lief

Papa doet zijn arm om Emma heen.
'Ben je nog boos?', vraagt hij.
'Hoezo?', vraagt Emma.
'Omdat ik geen tijd voor je had', zegt papa.
'En omdat ik boos werd om de poep
aan mijn schoen.
En omdat je hutspot moest eten.'
'Nee', zegt Emma.
'Eerst lieten we Samsam uit en toen aten we patat.
We hebben een spel gespeeld.
Eerst op de pc en toen ganzenbord.
Tante Jo is er écht goed in.
En Sem mocht ook meedoen.'
'Dus je bent niet meer boos?', vraagt papa.
Emma kruipt tegen papa aan.
Er lopen tranen over haar wangen.
'Ik wil dat je mij de liefste vindt', huilt Emma.
'Dat bén je', zegt papa.
'Het spijt me.
Ik heb het vandaag niet laten merken.
Ik was in de war door de moeder van Sem.
Ik vind haar ook lief.

Anders lief.'

'Pap', snift Emma.

'Mama wil ook dat je blij bent.

Met de moeder van Sem.'

Nu heeft papa ook een traan.

Samen gaan ze de trap af.

Papa geeft Iris een glaasje rode wijn.

'Willen jullie ook wat?'

'Rode wijn?', vraagt Sem verbaasd.

'Haha', doet papa.

'Rode ranja!', roept Emma.

'Vooruit', zegt papa.

Sem en Emma slurpen met een rietje.

'Zullen we morgen naar het park?',

stelt Emma voor.

Ze kijkt papa aan.

Papa kijkt naar Iris.

'Het lijkt me leuk', zegt Iris.

'Dan nemen we wat lekkers mee.'


De volgende dag is het mooi weer.

De mand is vol met eten en drinken.

Samsam mag in de rugzak van Sem.

Sem en Emma fietsen voorop.

De straat uit, over de brug.

Het park in.

*Hobbel de bobbel* over het gras.

Ze zetten hun fietsen tegen de berk.
Samsam springt uit de tas.
'Wat een mooie plek', zegt Iris.
'Dit is mijn vaste plek', zegt Emma.
'Hier vonden we Samsam', zegt Sem.
Emma legt het kleed neer.
Iris maakt de mand leeg.
Appels, broodjes en sap.
Papa heeft ook een mand.
Verbaasd kijkt Iris wat er uit komt.
Sinas, zoutjes, wafels en snoep.
'Zullen we eerst een broodje eten?',
vraagt ze voorzichtig.

'Ik heb dorst', zegt Emma.

Ze maakt de fles sinas open.

Opeens rent Samsam over het kleed.

Een grote hond rent achter hem aan.

De fles sinas valt om.

De sinas spuit er uit.

Over de broodjes, de appels en de wafels.

Een meisje fluit op haar vingers.

De grote hond keert om en gaat naar haar toe.

Samsam zit onder een struik.

'Kom dan, Samsam!', roept Sem.

Samsam komt en kwispelt met zijn staart.

Papa moppert.

'Bah, alles zit onder de sinas.'

'Wat geeft het', lacht Emma.

'Zet je roze bril op, pap.

Dan is alles mooi.

En alles is fijn!'

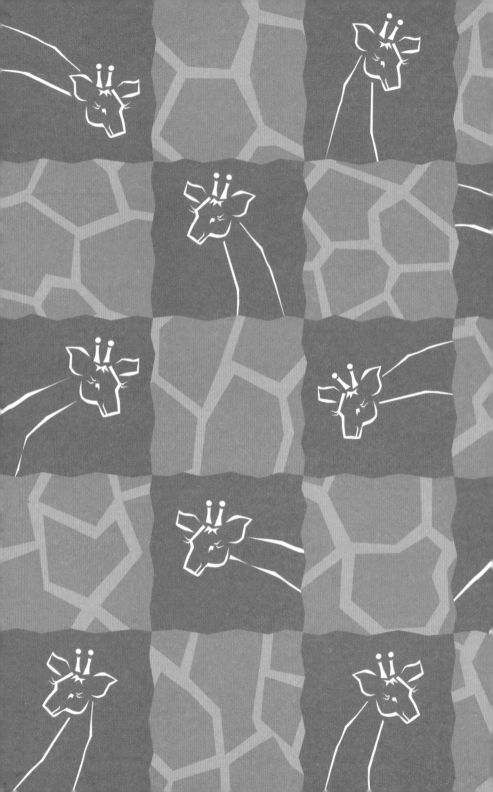